LES
ANGLAIS SUPPOSÉS,
OU
LEQUEL EST MON GENDRE?

COMÉDIE EN UN ACTE,

Par M. DELESTRE-POIRSON;

Représentée, pour la première fois, à Paris, sur le Théâtre de la Porte-Saint-Martin, le 24 Avril 1815.

PARIS,

CHEZ J. N. BARBA, LIBRAIRE, PALAIS-ROYAL,
DERRIÈRE LE THÉÂTRE FRANÇAIS, N°. 51.

De l'Imprimerie de HOCQUET, rue du Faubourg Montmartre, n°. 4.

1815.

PERSONNAGES. ACTEURS.

DUMONT, ancien négociant. M. *Pascal.*
ERNEST, amant d'Emélie. M. *Thibouville.*
Sir ROOVER, capitaine de vaisseau. M *Pierson.*
WILLIAMS, domestique de Sir Roover. M. *Duchaume.*
ROUGEOT, normand, valet d'Ernest. M. *Emile.*
EMELIE, fille de M. Dumont. Mlle. *Gorenflot.*
FANNY, femme de chambre d'Emélie. Mlle. *Mariany.*
Un Valet.

La scène est à Paris, dans la maison de M. Dumont.

Le Théâtre représente un Salon.

Le rôle de *Sir Roover* doit être distribué en province, à l'acteur qui baragouine le mieux l'Anglais; il doit être joué avec le plus grand flegme, et sans aucunes charges; c'est de cette manière que la créé Pierson, qui a mérité, ainsi qu'Emile dans *Rougeot*, les suffrages *unanimes* des journaux.

Le rôle de Williams, peu important par lui même, est également fort bien joué par Duchaume.

Le nom de Roover doit se prononcer comme : *Rouveur*; il faut avoir soin en baragouinant, d'appuyer sur les o et sur la diphtongue *oi*; et de prononcer *one* au lieu de *on*.

Note de l'Editeur.

LES ANGLAIS SUPPOSÉS,

OU

LEQUEL EST MON GENDRE ?

COMÉDIE.

SCÈNE PREMIÈRE.

EMELIE, FANNY.

FANNY

Allons, mademoiselle, consolez-vous un peu.

EMELIE

Non, vois-tu Fanny, si tout ne réussit pas au gré de mes vœux, j'en mourrai.

FANNY

Bon, mourir ! voilà bien un discours de jeune fille ! Mourir, parce que monsieur votre honoré père vous fait une proposition qui ne vous plaît point !

EMELIE

Qu'appelles-tu une proposition ? puisque je te dis qu'il attend d'un jour à l'autre sir Roover.

FANNY

Eh bien ! sir Roover viendra ; il partira.

EMELIE

Il s'agit bien de plaisanter. Ne sais-tu pas que mon père, par une suite de sa passion pour les Anglais, a promis ma main au père de sir Roover et qu'il m'a ordonné de me préparer à le prendre pour époux.

FANNY

Je sais que M. Dumont, votre père, est un fou, pardonnez moi le mot, qui pour avoir été autrefois bien accueilli en Angleterre, est devenu anglomane des pieds jusqu'à la tête; qui rapporte tout à ses préventions, prétend qu'il n'y a qu'en Angleterre de bons esprits, de bonnes lois, et par dessus tout cela de bons maris; mais vous qui, grâces à M. Ernest, avez la manie d'aimer les Français, vous lui prouverez qu'on peut être du même sang et avoir des goûts bien différens.

EMELIE

Tout cela est bien facile à dire.

FANNY

D'ailleurs est-ce votre faute si votre père vous a laissé passer l'été dernier chez votre tante. Il se trouve là par un de ces hasards si communs, un jeune cavalier qui réunit, comme c'est l'usage, toutes les perfections. Son cœur s'enflamme pour vous, le vôtre s'allume au sien, vous vous jurez de brûler toujours l'un pour l'autre. Je ne vois rien là que de très-naturel. Le père le plus raisonnable ne peut empêcher de pareils coups du destin, ni forcer sa fille à attendre un mari des îles Britanniques, quand elle en trouve un en France, qui vaut à lui seul tous les Gentlemens de Londres.

EMELIE

Comme tu arranges tout cela.

FANNY

Laissez faire, mademoiselle, avec un conseiller comme moi, un amant comme M. Ernest, vous ne pouvez manquer d'arriver à votre but.

EMELIE

Oui, mais en attendant, sir Roover va arriver.

FANNY

Eh bien! il sera venu comme ses compatriotes, faire une promenade à Paris.

EMELIE

Et puis, franchement, Ernest me paraît bien étourdi.

FANNY

Mais, c'est une qualité cela, mademoiselle; étourdi et Français, qui dit l'un dit l'autre. Ayez donc un peu d'esprit national.

SCENE II.

EMELIE, FANNY, ROUGEOT, *en habit de Jockey anglais.*

EMELIE

Ah mon dieu! ma chère Fanny, qu'est-ce que je vois? je parie que c'est déjà un envoyé de sir Roover.

FANNY, *regardant Rougeot.*

Ah! ah! ah! rassurez-vous, mademoiselle, cet émissaire-là n'est pas bien terrible.

EMELIE

Comment! c'est Rougeot.

ROUGEOT

Par ma finé oui qu' c'est moi, vous n' me r'connaissiez point par une bonne raison, c'est qu' je ne me r'connais point moi-même. Not' maît', m' sieur Ernest, quand y m'a pris à son service en Normandie, m'a promis de m' déniaiser, et il y réussit ben. T' nez, r' gardez, mais r' gardez donc, crairiez-vous qu' c'est Rougeot.

(*Il se tourne de tous côtés.*)

FANNY

Que veut dire ce costume grotesque?

ROUGEOT

Grotesque! V' n'êtes pas gênée! un habit de Jockey superbe... mais not' maît' va vous expliquer cela, car y me suit.

EMELIE

Comment! il a osé...

ROUGEOT

Certainement.... et j'ai osé aussi me mêler d' l'aider dans sa manigance, parce qu'y m'a dit que toute c'te frime-là était à la seule fin d'épouser mamselle Emélie que j'aime autant que lui, quoi! c'est tout dire. Allons, que j'y ai fait, à la bonne heure, encore c'te nouvelle folie, mais qu' ce soit la dernière... quoiqu'ça, d'puis que j' le morigène et qu'il aime mamselle, il a changé brin a brin, de manière qu'y ne sera bentôt plus reconnaissable.

FANNY

Vraiment!

ROUGEOT

Sans doute, il a encore écrit dernièrement à son oncle, c'gros négociant qu'est riche comme un Crésus et qu'est parti dernièrement pour Londres, vous savez ben; il y a donc écrit un' lettre pour l'attendrir, un' lettre à fend' le cœur. J'en pleurais comme un enfant, quand y m' la lue, car y n' fait rien sans m' consulter da. Oh! mamselle, nous ferons queuq' chose de c' garçon-là. L'oncle nous en veut parce que j' sommes étourdis, légers; oh dame! j' sommes légers comme on n' l'est point; mais enfin, y nous aime, c' brave homme, et puis par le moyen qu'a trouvé minsieur, y vous épousera et y s'ra sage tout-à-fait, vous voirez.

FANNY

Avec un aussi bon précepteur.

ROUGEOT

N' vous gaussez point, j'y fais queuq' fois des sermons! mais des sermons superbes quoi!

SCÈNE III.

Les Mêmes, ERNEST, *en uniforme anglais un peu chargé,*

EMELIE, FANNY, *riant.*

Ah! ah! ah!

ERNEST, *riant.*

Ah! ah! allons, riez bien vite de l'habit de votre prétendu, et après cela parlons sérieusement.

FANNY.

Sérieusement, avec vous!

ERNEST, *à Emélie.*

Je crois avoir aperçu votre père, près de rentrer chez lui, nous n'avons donc pas un instant à perdre. En deux mots, voici mon projet.

FANNY.

J'en devine la moitié. Nous attendons incessamment Sir Roover, capitaine de marine marchande, fils d'un ami de M. Dumont, et en attendant qu'il arrive, vous prenez son rôle d'abord, pour voir plus à votre aise l'objet de vos pensées.

ERNEST.

Ensuite, pour sonder le père de mon Emélie et apprendre s'il n'y aurait pas quelque moyen de le faire revenir de son injuste prévention contre Ernest, qu'il ne connait point, mais qu'il déteste, parce que des gens bien officieux, lui ont rapporté que j'étais un étourdi, et que l'étourderie ne sympathise pas beaucoup avec le flegme anglais dont il est idolâtre.

EMELIE.

Je ne vois pas encore là un plan bien arrêté.

ERNEST.

Et le chapitre des circonstances donc, et la force de mon amour pour vous, et l'adresse de Fanny, et la malice de ce bon Rougeot..... comptez-vous tout cela pour rien ?

FANNY.

M. Ernest a raison, mademoiselle, il faut donner beaucoup au hasard, c'est mon système. D'ailleurs, nous avons sans doute du tems devant nous. Sir Roover est peut-être encore sur son vaisseau *le Téméraire*.

EMELIE.

Oui, mais ce pauvre sir Roover...

ERNEST.

Eh bien ! quel tort lui fais-je en l'empêchant d'épouser une femme qui ne l'aimerait pas? C'est un service d'ami. Je lui vole son nom, mais je ne veux pas le garder, d'ailleurs le mien vaut le sien, et je troquerai avec lui, s'il y consent, pour m'unir à vous. J'ai recueilli sur son compte tous les renseignemens nécessaires pour bien jouer mon rôle.

EMILIE.

Rougeot m'a dit que vous aviez écrit à votre oncle, espérez-vous....

ERNEST.

Sans doute; mon bon oncle! il ne tiendrait qu'à lui d'arranger tout cela, votre père le connait... Il m'aime, au fond, mais il est rancunier en diable, parce qu'il a payé trois ou quatre fois mes dettes, il s'imagine avoir tout fait pour moi. Je suis son héritier, eh bien, je ne lui demande que deux choses ; de mourir, ou de me marier avec vous en prenant soin de ma fortune : il ne veut faire ni l'un, ni l'autre, ça n'est pas raisonnable, voyez à quoi il m'expose, à me compromettre avec un brave homme de sa nouvelle patrie, car je le crois fixé à Londres.

EMELIE

Si mon père allait découvrir....

ERNEST.

Eh bien, alors, je conviendrais de mes torts. L'amour qui fait tout entreprendre, ne fait-il pas tout excuser?

FANNY.

Allons, de l'espoir. D'abord, recevez notre compliment, vous êtes costumé à ravir.

ROUGEOT.

Ca c'est vrai, j'sommes braves.

ERNEST.

Ah! ça, concertons bien notre projet. Je suis Roover, moi, jeune militaire, capitaine de vaisseau, aussi léger qu'on l'est en Angleterre. (*Il se promène, Rougeot le suit de très-près.*) Voyez, voyez cette démarche fière, vous pouvez juger de l'effet que je ferai sur M. Dumont.

FANNY.

Bravo, bravo, c'est fort bien.

ERNEST, *à Rougeot.*

Mais toi, songe surtout à ce que tu as à faire?

ROUGEOT.

Ne craignez rien, j'entends bien; est-ce que je n'ai pas déjà la tournure anglaise donc? R'gardez.

ERNEST.

Et si par hasard on voulait t'interroger, contente-toi de répondre : yes, yes.

ROUGEOT.

Yes, yes, c'est convenu, voilà que je sais l'anglais comme si je l'avais parlé toute ma vie, y, y?...

ERNEST.

Yes, yes.

FANNY.

Chut! chut! j'entends, je crois, quelqu'un qui monte.

EMELIE.

C'est mon père, retirons-nous.

ERNEST.

Bientôt, j'espère que ce sera lui qui me présentera à mon Emélie. (*Emélie et Fanny sortent.*)

SCENE IV.

ERNEST, ROUGEOT.

ERNEST.

Voici M. Dumont, point de gaucherie au moins; tu te nommes James, et tu ne réponds que ce dont nous sommes convenus.

ROUGEOT.

Yes.

SCENE V.

Les Précédens, DUMONT.

Rougeot, pendant toute cette scène, se promène en regardant l'appartement, puis s'assied dans un fauteuil.

DUMONT.

Qu'est-ce qu'on m'a dit en bas, sir Roover serait ici... (*appercevant Ernest.*) Ah! mon cher monsieur, que je suis fâché de ne m'être point trouvé chez moi pour vous recevoir.

ERNEST.

Perdone, ce ètre monsier Dumone?

DUNONT.

Oui, oui, oui, je suis M. Dumont, enchanté de voir en vous le fils d'un de mes bons amis, et le futur époux de mon Emélie.

ERNEST, *gravement*.

Vou ètre vériteblement monsieur Dumone... permettez alors que dans le transport, dans le revissement, je embrasse vous.

DUMONT, *à part*.

Voilà bien toute la gravité de son père. (*haut.*) Je ne vous attendais pas aussi promptement, d'après la lettre de l'honorable sir Roover, parbleu! je l'ai sur moi... Justement. (*Il lit.*) « Mon cher ami, à la grâce de dieu
» et sous la conduite du capitaine du paquebot le *John*
» *Buhl*, mon fils débarquera à bon port à Dieppe, si
» le vent se tient *nord*, *nord-est*. J'espère que vous serez
» content de sa personne; il est capitaine sur un de mes

» vaisseaux marchands... c'est un des meilleurs marins
» et des jeunes gens les plus polis de la cité... Peut-
» être lui trouverez-vous l'air un peu étourdi......
(*regardant Ernest.*) Je ne vois pas trop ; » mais cela se
» corrigera avec l'âge. Du reste, je crois que sa tournure
» ne déplaira pas à votre fille... (*regardant Ernest.*)
Il faudrait qu'elle fût bien difficile... « Je regrette que
» mes occupations ne me permettent pas d'aller moi-
» même, etc. »

ERNEST.

L'honoreble sir il a beaucoup vanté moi à vous et je crains bien que miss Emélie ne voie pas moi avec le même setisfectione.

DUMONT.

Vous vous moquez, je suis sûr que vous plairez à ma fille avec cet air discret, modeste.

ERNEST.

Perdone, vous confusionnez moi beaucoup par le politesse.

DUMONT.

Eh bien ! que se passe-t-il de nouveau à Londres ?

ERNEST.

Lé actiones ètre toujours vériébles bécoup, lé change sur Péris et sur Hambourg ètre encore baissé.

DUMONT.

A la bonne heure ! voilà une conversation solide. Nous causerons ensemble plus long-tems, je veux avant tout vous présenter à ma fille.

ERNEST.

Je suis impetiente extrèmement per la voir.

DUMONT.

Ce n'est point parce qu'elle est ma fille, mais quand vous la connaîtrez, vous en serez enchanté.

ERNEST.

Je crois... je crois... perdone de mon curiosité... elle pas coquette du tout.

DUMONT.

Comment donc !

ERNEST.

Perdone de le liberté... c'est qu'une méri toujours en voyége, sur son vaisseau, a besoin, per son sureté...

DUMONT.

J'entends ; soyez parfaitement tranquille.

ERNEST.

C'est que dans le France, le femme il être, dit-on, légère, légère...

DUMONT.

Vous allez voir ma fille, je veux, sur-le-champ, vous présenter à elle, et vous m'en direz des nouvelles.

ERNEST, *appelant Rougeot.*

Jemes, Jemes. (*Rougeot regarde de tous les côtés.*) Jemes.

DUMONT, *à Rougeot.*

Eh bien, mon ami, est-ce que vous n'entendez pas votre nom?

ROUGEOT, *se hâtant de répondre.*

Yes, yes, yes.

ERNEST.

Retournez chez le auberge pour avoir le soin de mes melles.

ROUGEOT.

Yes.

DUMONT.

Venez avec moi, mon cher ami, vous me plaisez déjà beaucoup, et j'ai un pressentiment que vous plairez encore plus à ma fille. (*pendant cette sortie, Ernest se retourne plusieurs fois en grondant Rougeot qui ne répond que yes.*)

SCENE VI.

ROUGEOT, *seul.*

Plaire à sa fille, ce n'est pas ce qui nous embarrasse le plus, da... J'ai manqué m'oublier, pourtant, ce que c'est que d'navoir pas l'habitude de mentir; on s'trouble tout d'suite, quoi, mon rôle n'est cependant pas ben difficile.

SCÈNE VII.

ROUGEOT, WILLIAMS.

WILLIAMS.

Goddam! que c'être loin.

ROUGEOT, *à part.*

Quelle diable de figure ! c'est un de mes nouveaux pays, je parie.

WILLIAMS.

Perdone, monsier, perdone, ce être ici le monsier Dumone ?

ROUGEOT, *à part.*

Diable ! observons-nous bien, et répondons juste. (*bien haut.*) Yes, yes.

WILLIAMS, *à part.*

Yes !.. c'est une english, tant mié. (*haut.*) Vous êtes english, je voi ?

ROUGEOT.

Yes ! yes !

WILLIAMS.

What is your name ?

ROUGEOT, *à part.*

Ah ! mon Dieu ! qu'est ce qu'il dit donc ? (*haut.*) yes !

WILLIAMS.

Do you speack English ?

ROUGEOT, *à part.*

Quel diable de langage ! (*haut.*) yes ! yes !

WILLIAMS.

Vraiment, j'en suis révi ! in what town are you born ?

ROUGEOT, *à part.*

Le v'la qui m'demande si j'sis borgne. (*Rougeot en répondant* yes, yes, *indique non, de la tête.*)

WILLIAMS.

Je penser, moi, que lui long-tems en France, avoir oublié lé english ! parlons en bonne française ! (*haut.*) Dites-moi, lé ami, dans quelle cité vou être né ?

ROUGEOT.

Yes ! yes !

WILLIAMS.

Mais c'est une plaisanterie. (*haut.*) dites, monsier yes, vous moquez-vous de moi ?

ROUGEOT.

Yes ! yes !

WILLIAMS.

Ceci commence à me impétienter, et vous ignorez que pour le boxement, je suis connu dans toute London.

ROUGEOT.

Yes.

WILLLIAMS, *menaçant Rougeot.*

Voulez-vous boxer ?

ROUGEOT, *effrayé.*

Yes!

WILLIAMS.

Allons, je vous prie, mettez-vous en défense un peu.

ROUGEOT.

Yes, yes! (*à part.*) je meurs d'effroi; min Dieu! min Dieu! comment me retirer de là ?

WILLIAMS, *menaçant Rougeot.*

Allons.

ROUGEOT *effrayé.*

Yes! yes!

WILLIAMS.

Vous poltrone, à ce qu'il peraît à moi.

ROUGEOT.

Yes! yes! (*à part.*) j'entends quelqu'un, je suis sauvé.

WILLIAMS.

Adieu, monsier yes, nétif de l'Angleterre, je reverrai vous sur mon parole.

ROUGEOT *en sortant.*

Yes! yes! tu peux compter sur moi.

SCENE VIII.

WILLIAMS, ROOVER *en frac anglais.*

ROOVER *appercevant Williams qui menace Rougeot.*

Williems!... Williems!... que faites vous ?... s'il plaî à vous, que menécez-vous dans cette maisone ?

WILLIAMS.

Une coquine qui insulter moi.

ROOVER.

Williems, ne menécez personne, entendez-vous, je défens.

WILLIAMS.

Une drole qui se moqué de le nétione anglése.

ROOVER.

De le nétione, à la bonne hère, je permetté; c'est bien ici... chez monsier Dumone ?

WILLIEMS.

Yes !

ROOVER.

On me dit qu'il être chez lui, je attendrai.. Williams.

vous sortirez mon huniforme de le melle... Williams... je permets le conversetione... que pensez-vous de Péris?

WILLIAMS.

Goddam ! Sir, il peraît à moi, que l'on aime bien nous dans cette pays... car on reçoit très-bien nous.

ROOVER.

Yes, on reçoit très-bien nou, et notre ergent ; je suis seulement scandalisé étrangement per le moquerie que l'on fait de le hébillement... je demande un peu quand le hébit couvre le corps... et le chepeau, le tête ; ce qu'on avait à dire... je demandé un peu.

WILLIAMS.

Yes! Sir.

ROOVER.

Je voyé beaucoup, beaucoup de Françèse à London... dans le Hydeperke, per lé promenède, qui me semblé à moi tout é fait ridicules... bécoup plus per le hébit... Williems... je entendé du bruit, Williems, je permets plus le conversetione... pertez... (*Williams sort.*)

SCENE IX.

Sir ROOVER, DUMONT, ERNEST.

DUMONT.

Eh ! bien, mon cher ami, que pensez-vous de mon Emélie ?

ERNEST.

Chermante, et avec cela, une petite menière mélencolique tout-à-fait egréable.

DUMONT, *appercevant Roover.*

Mais que veut ce monsieur ?

ROOVER, *appercevant Esnest.* (*àpart.*)

Une cépitaine de ma natione. (*haut.*) M. Dumone, s'il plaî à vous.

DUMONT.

C'est moi, monsieur.

ERNEST, *à part*

Si c'est ce que je crois... me voilà dans un bel embarras.

ROOVER.

Vou êtes, monsieur Dumone, permettez à moi de embrasser vous per le contentement.

DUMONT, *à part.*

Comme je suis connu en Angleterre ! (*haut.*) Je suis

enchanté. (*à part.*) Oh ! comme ces Anglais sont affectueux ! voyons, que veut celui-ci ?

ERNEST, *à part.*

J'étais en si beau chemin !

DUMONT.

Quelque soit le motif qui vous amène, monsieur, comptez sur moi, vous êtes Anglais, c'est un titre à mon intérêt; pour vous le prouver, voici un de vos compatriotes qui va épouser ma fille.

ROOVER.

Perdone, monsier, vous n'êtes pas monsier Dumone, je vois.

DUMONT.

Pourquoi?

ROOVER.

Perce que monsier Dumone ne mérie point son fille à monsier, mais à sir Roover.

DUMONT.

Eh ! bien, c'est justement parce que M. Dumont marie sa fille à sir Roover, que je la donne à monsieur.

ROOVER.

Je demandé perdone, que dites-vous, qui s'appelle sir Roover ?

DUMONT, *montrant Ernest.*

Eh ! parbleu, monsieur que voilà...

ROOVER.

Ne bédinons point, je prié vous.

DUMONT.

Je ne badine point non plus. (*à Ernest.*) Allons, parlez donc, sir Roover.

ROOVER, *s'échauffant.*

Monsier, monsier, point d'autre sir Roover que moi ici, entendez vous.

ERNEST.

Que suis-je donc élors, s'il plait à vous, monsier ?

ROOVER, *irrité.*

Vous osez dire, vous fils de l'honoréble sir Roover, de le compégnie des Indes.... habitant à London le quertier du bond-street et cépitaine sur le vaisseau le *Téméraire.*

ERNEST, *montrant M. Dumont.*

Demandez à monsier.

ROOVER, *irrité.*

Goddam, gdodam, goddam, goddam!

DUMONT, *prenant Ernest à part.*

Ecoutez, mon cher Roover, je vois l'enclouüre... je vous le dis ici en confidence; ma fille a eu une légère inclination pour un jeune homme nommé Ernest, or, vous saurez que cet Ernest est un drôle capable, à ce qu'on m'a assuré, de tout entreprendre....

ERNEST, *à part.*

Je tremble.

DUMONT.

Je vais parier que ce prétendu sir Roover n'est autre que cet Ernest.... qu'en dites-vous ?

ERNEST, *vivement.*

Mais cela me péraît-très possible.

DUMONT.

J'en suis sûr, moi, vous allez voir comme je vais lui parler.

ROOVER, *à part.*

Que veut dire toute cette colloque ?

DUMONT, *à Roover.*

Monsieur, croyez vous que le meilleur chemin pour obtenir une demoiselle de son père soit de prendre un nom respectable et de chercher à duper un honnête homme ? (*bas à Ernest.*) parlez-lui donc aussi vous, vous êtes intéressé autant que moi...

ERNEST.

Oui, monsier, croyez-vous que ce soit une bonne chemin.... (*à part.*) Oh! la plaisante aventure!

ROOVER.

Monsier, que voulez vous dire vous ?... On penserait que vous faites le morale à moi.

DUMONT.

Allons, allons, monsieur Ernest, quittez ce baragouinage d'emprunt, et parlez naturellement.

ROOVER, *très-irrité*

Bérégouinege.... bérégouinege.... monsieur.... monsieur.... je perler comme je perler.... entendez-vous.... je connais point Ernest.

DUMONT, *à Ernest.*

Prenons la voie de la douceur et de la conviction.

ERNEST.

Oui, oui, le voie de le douceur.

DUMONT, à Roover.

Allons, allons, mon ami, vous êtes reconnu.

ERNEST.

Oui, vou êtes reconnu.

DUMONT.

Je vous pardonne ce tour, mais quittez un rôle qui ne vous convient point. Vous n'avez pas même l'accent.

ROOVER, *très-irrité.*

Je n'ai point le accent. Ah! goddam! goddam!

DUMONT, *vivement à Ernest.*

Là! je vous demande un peu, sir Roover, monsieur parle-t-il anglais? *Goddam, goddam!* appuyez donc un peu plus, barbare, dites goddam! goddam!

ROOVER.

Je comprendre plus rien.... Eh! bien, je périe mille guinées qu'il y a là une supercherie.

DUMONT, *à Ernest.*

Oui, il y a là une supercherie. N'est-ce pas, sir Roover?

ERNEST.

C'est mon évis.

ROOVER.

Je périe mille guinées que le sir Roover il être une friponne.... ou une émoureuse... je périe...

DUMONT, *à Roover.*

Ecoutez, ceci commence à me fatiguer beaucoup, monsieur Ernest.

SCENE X.

Les Précédens, un Domestique.

DUMONT.

Qu'est-ce?

Les Anglais supposés.

LE DOMESTIQUE.

Une lettre pressée, dont une dame attend la réponse.

DUMONT.

Vous permettez? (*il lit*.)... Ah! parbleu, messieurs, voilà qui est plaisant, et qui peut nous mettre tous d'accord, écoutez un peu la lettre que je reçois.

« Monsieur, pardonnez à une étrangère de s'adresser
» à vous pour obtenir justice : j'ai quitté Londres pour
» suivre un ingrat, qui après m'avoir promis de m'é-
» pouser, par les sermens les plus solemnels, ose au-
» jourd'hui prétendre à la main de votre fille. Je viens
» d'apprendre que sir Roover était chez vous dans ce
» moment ; si vous avez quelque pitié de sa victime,
» permettez-moi de le confondre en votre présence, s'il
» ne se rend point à mes larmes, je suis décidée à le fuir
» pour jamais ; je vous aurai une obligation éternelle de
» votre générosité. Signé : Mistriss ATKINSON.

ROOVER.

Ah! çà, monsier.... je suis, je voi, ici dans une bédinement continuel....

DUMONT.

Ah! vous convenez maintenant que vous n'êtes plus sir Roover.

ROOVER.

Moi, monsier, je conviens rien du tout.

DUMONT.

Il persiste, allons aux preuves. (*à Ernest*.) Ecoutez, mon cher Roover, si vous avez eu à Londres quelque légère intrigue... Il est facile d'arranger tous cela... je sais bien qu'on n'est pas jeune impunément.

ERNEST.

Je ne point connaître mistriss Etkinsone.

DUMONT.

Ceci passe la plaisanterie. (*à Roover*.) Vous ne connaissez pas non plus mistriss Atkinson, vous, monsieur?

ROOVER.

Je comprends rien.

DUMONT.

Eh bien, je veux me donner le plaisir de voir comment tout cela finira. Mistriss peut seule nous mettre d'accord. (*au domestique.*) priez la personne de vouloir bien entrer.

SCENE XI.

Les Précédens, excepté le Domestique.

DUMONT.

Enfin, la vérité va se découvrir.

ROOVER.

Oui, nou allons voir.

ERNEST, *a part.*

Ceci, au fait pourrait bien tourner à mon avantage.

SCENE XII.

Les Précédens, FANNY, *en costume anglais, avec un voile de couleur.*

FANNY.

Perdone, monsier de le liberté que je ose prendre.

DUMONT.

Madame, je souhaite toujours de pouvoir être utile aux dames... Mais, dites-moi, votre ingrat est-il ici?

FANNY.

S'il être ici... le voilà, monsieur, le voilà. (*Elle se tourne vers Ernest et lève un instant son voile qu'elle laisse retomber aussitôt.*) Reconnais-tu moi, perfide?

ERNEST, *a part.*

Que vois-je? Fanny! (*Haut.*) Médème...

ROOVER.

Ah ça, médème, permettez-moi, que dites-vous qui être sir Roover.

FANNY, *montrant Ernest.*

C'être lui le perjure; mais il feindre de ne point connaître moi après tant de assurances de amour et de fidélité qu'il m'a donnés à Brighton, avant son départ.

DUMONT, *a Roover.*

Eh bien, monsieur, que dites-vous?

ROOVER.

Je dis, je dis que je n'entends plus rien, et qu'il faut que le sir Roover il soit double dans le Angleterre. (*à Fanny.*) Médème, permettez, médème...

FANNY.

De grèce, monsier, pourquoi moquer vous de mon prononcietione?

ROOVER.

Comment, médéme?

FANNY.

Yes, je sais bien que vou êtes francèse et vous devez reconnaître moi.

ROOVER, *irrité.*

Ah! ça, médème, expliquez-vous.

DUMONT, *vivement.*

Ah! ah! monsieur est français... Vous connaissez M. pour français, mistriss?

FANNY.

Yes! française et gelant on ne peut plus, puisque hier après le opéra, où je avais été pour le espérance de rencontrer mon perfide, monsier m'avé offert son main jusqu'à lé voiture, en disant à moi bécoup de complimens.

ROOVER.

Médème, je perdé le pétience, entendez-vous?

DUMONT, *à Roover.*

Vous ne vous attendiez pas à ce petit incident, allons, monsieur Ernest, finissons.

ROOVER.

Monsier, point de Ernest, je prié vous... Je vais dans le moment chez le auberge chercher mes papiers, je reviens ici pour montrer à vous...

DUMONT, *riant*.

Excellent moyen pour sortir d'embarras.

ROOVER.

Riez, riez; mais le monsier sir Roover ne rira point pour long-tems, ét pour le mistriss Etkinson, c'ètre une friponne, certainement. Adieu. (*Il sort.*)

SCENE XIII.

Les Précédens, excepté ROOVERS.

FANNY.

Ah! malhérése, à quelle indignité je être exposée per le trehisone d'une perfide! (*à Ernest.*) Tu te repentiras d'avoir abandonné mistriss Etkinsone. Dans le France, apprends le art d'être légere, inconstante, per moi, je vais mourir dans mon pays.

DUMONT.

Madame, calmez-vous, je vous prie. Ah! mon dieu? elle s'évanouit. (*Il court pour la secourir.*)

FANNY, *vivement*.

Ne approchez pas.

DUMONT.

A votre aise, allons, il est tems de mettre un terme à tout cela. (*a Ernest.*) Pour vous, mon ami, restez un moment avec cette mistriss, vous entendez bien que je ne suis pas une dupe, vous la connaissez, allons, avouez-moi que vous la connaissez, hein? l'amour a un accent qui ne se contrefait point; mais enfin tâchez de lui faire entendre raison, et de l'engager à repasser promptement en Angleterre. Je sors pour un instant, j'espère à mon retour vous trouver seul ici, et n'avoir plus à m'occuper que de votre bonheur. (*Il sort.*)

SCENE XIV.

ERNEST, FANNY.

ERNEST, *regardant sortir Dumont, à Fanny avec un sentiment feint.*

Belle miss! permettez que je expie a vos pieds... (*Il éclate de rire.*) Ah! ah! ah!

FANNY.

Comment, ingrat Roover, vous pouvez rire quand vou evez devant vos yeux le malherese victime. (*elle éclate de rire.*) Ah! ah! ah! comment trouvez-vous que j'ai joué mon rôle?

ERNEST.

A ravir.

FANNY.

J'ai vu que le bonhomme de père allait bientôt hésiter entre le faux et le véritable Roover : or pour fixer son incertitude, vous voyez ce que j'ai fait. J'ai dû vous accuser de perfidie; vous le plus constant, le plus sage ds tous les hommes, n'admirez-vous pas comme je sais bien mentir.

ERNEST.

Friponne! mais l'arrivée prématurée de mon soi-disant compatriote, me donne furieusement à réfléchir ; en bonne foi, je ne suis pas homme à lui voler son nom plus long-tems, il y aurait conscience.

FANNY.

Comment, vous, monsieur, vous avez peur, vous craignez de faire une étourderie... de plus, vous en avez tant fait pour des femmes que vous n'aimiez point, et pour ma belle maîtresse, vous hésitez! allons, cœur pusillanime, chargez-vous seulement de me seconder, et en dépit de l'anglais, nous ferons une bonne traversée.

ERNEST.

Tu ranimes mon espoir, tu es vraiment adorable.

FANNY.

Il y a long-tems que je le sais.

ERNEST.

Pour te payer de ce que tu fais pour moi, il faut que je t'embrasse à l'instant même. (*Il l'embrasse.*)

FANNY.

Vous oubliez que vous êtes anglais, vous me payez à la française.

ERNEST, *tirant sa bourse.*

Elle a raison. (*à Fanny.*) Puisque je suis anglais, je veux te payer à l'anglaise. (*Il lui donne la bourse.*) Tiens, maintenant, puis-je compter sur toi ?

FANNY.

Je suis à vous, oui, monsieur. Oh! j'aime fort des manières comme celles-là; l'or attendrit les beautés les plus fières, ainsi, jugez de ce qu'il peut sur moi.

SCENE XV.

Les Précédens, ROUGEOT, *les cheveux en désordre et un œil noirci.*

ROUGEOT.

Ah! ma bonne vierge Marie !

ERNEST.

Eh bien, qu'as-tu ?

ROUGEOT.

Mon doux maît', qu'eu chien de rôle vous m'avez baillé là, si j'avais su un brin ce qui allait m'arriver, vous auriez ben pu charger queuqu'autre de manigancer tout ça à ma place, j' n'aurais point voulu da.

ERNEST.

Comment, qui t'a donc ainsi maltraité ?

ROUGEOT.

Parbleu ! qui ? in enragé l' jakei enfin de c'monsieur, dont vous vous avisez d'être le rival; ce grois sournois là ne veut point entendre raison, j'avais beau y dire à chaque instant, yes, yes : y s' mettait après moi dans des colères... Enfin, croiriez-vous qui m'a proposé de m' boxer avec lui?

FANNY.

Et tu as accepté la partie ?

ROUGOT

V' nêtes point gênée, j'vous aime ben là, vous, m'amselle, j'voudrais vous y voir, c'est qui vous a une mine... et des yeux... féroces, quoi, là, vouloir boxer avec moi, j' vous d'mande un peu comme j'ai l'air d'un boxeur.

ERNEST.

Allons, calme-toi, ton role ne peut plus durer longtems.

ROUGEOT.

Ah! j'vous en prie, c'est qu'on n'est pas en sûreté avec c'brutal là. C'est pas l'embarras, je n'le crains pas, j' sais ben ce que je ferai.

FANNY

Eh bien ! quoi ?

ROUGEOT.

J'ly ferai un bon procès... ou ben tant qui sera ici, j'ne mettrai point les pieds dans l'antichambre, ni même dans la cuisine.

FANNY

A la bonne heure.... J'entends du bruit.

ERNEST

Je crois reconnaître la voix de mon rival.

FANNY

Laissez-moi tous les deux, j'ai besoin d'avoir un entretien avec lui.

ERNEST

Ah! çà, tu connais les manières de ces messieurs, ne va pas te laisser séduire.

FANNY

Ne pas me laisser séduire ! c'est à lui à qui il faudrait recommander cela.

ERNEST

Allons, je le laisse entre tes mains. (*Il sort avec Rougeot.*)

SCÈNE XVI.

FANNY, ROOVER, *en uniforme semblable à celui d'Ernest.*

ROOVER

J'espère qu'avec ce hébit et ces pepiers..... (*appercevant Fanny qui a levé son voile.*) Ah! vous voilà encore médeme le trompèse, nous allons voir tout-à-l'hère si c'est vraiment sir Roover per qui von avez cette belle passione.

FANNY

Oh! monsieur, je suis bien coupable.... je dois l'avouer....

ROOVER

Ah! ah! vous avez perdu le éccent maintenant.

FANNY

Sans doute, et j'aurai toujours le regret de l'avoir pris, puisque je m'en suis servi aux dépens d'un aussi galant homme.

ROO

A mes dépens, comment le entendez-vous, médème, s'il plaî à vous?

FANNY

Oui, monsieur, car il faut que j'en convienne, je ne veux pas vous abuser plus long-tems, j'aime mademoiselle Emélie de passion... je suis entièrement à son service.

ROOVER

Eh! bien, qu'a de commun miss Emélie Dumone?....

FANNY

C'est qu'il faut vous l'avouer, Emélie... a une... inclination.

Les Anglais supposés.   D

ROOVER

Une inclinétione !... nne inclinétione !... que volez-vous dire ?

FANNY

Je veux dire, monsieur, que le sort qui arrange tout à sa fantaisie, a voulu que vous arriviez pour lui plaire, justement six mois après un autre qui lui plaît davantage, et que, comme sa meilleure amie, j'ai dû tout faire en faveur du premier en date.

ROOVER

Je périe cent livres sterling que le inclinétione être l'autre sir Roover.... je périe....

FANNY

Justement, quelle pénétration ! le jeune homme plaisait à la demoiselle, mais pour plaire au père, il n'a pas cru pouvoir emprunter un nom et un personnage plus honorable que le vôtre.

ROOVER

Je sui obligé à lui de le préférence, ainsi donc vous avez voulu bédiner moi... si vous n'étiez pas si jolie, je vou en voudrais à le mort.

FANNY

Pourquoi monsieur ? J'aime les mariages d'inclination, et je vous ai cru trop aimable pour vouloir troubler une union aussi bien assortie.

ROOVER

Oui, je veux tout vous perdonner. Vraiment, vous êtes bien jolie, mais vous me péraissez étourdie beaucoup ; malgré cela je sens, que dans cette moment, pardonnez mon gélanterie, je pourrais vou aimer, mais je aurais peur...

FANNY

De quoi donc ?

ROOVER

De faire un folie.

FANNY

J'aime beaucoup ce compliment.

ROOVER

C'est par le grevité qu'une femme il doit plaire; près de nos mistriss, vous seriez trop légère.

FANNY

Mais on n'est pas plus poli.

ROOVER

Vraiment, vou êtes bien jolie ; excusez le gélanterie.

FANNY

Oh ! j'excuse la galanterie.

ROOVER

Je puis vous perdonner, je le voi à présent. mais permettez à moi d'aimer vous.

FANNY

Monsieur, mousieur... (*à part.*) Oh ! la bonne folie!

ROOVER

Permettez-vous ?

FANNY

Vous badinez.

ROOVER, *baisant la main de Fanny.*

Non, goddam, je ne bédine point. Vous avez cette petite air, ces petites ménières que nous ne connaissons pas dans le Angleterre, et qui révissent moi; mais permetté à moi d'aimer vous pour la vie. Yes, vous permettez, yes. Comme je suis sétisfaite beaucoup dans cette moment.

(*Il se met aux genoux de Fanny.*)

SCENE XVII.

FANNY, ROOVER, ROUGEOT.

ROUGEOT, *à Roover, qu'il prend pour Ernest, en voyant l'uniforme*

Ah! not' mait', not' mait', grande nouvelle ! il vient d'arriver ici un domestique de votre oncle, chargé d'une lettre pour monsieur Dumont et d'une autre itou pour vous.

ROOVER, *se retournant gravement.*

Ah ça, mon ami, si vous vouliez laisser moi dans le liberté, vous obligeriez beaucoup.

ROUGEOT

Ah mon doux Jésus! comment, vous n'êtes pas M. Ernest?

ROOVER, *en colère.*

Monsier Ernest, goddam!

ROUGEOT, *à part.*

Ah! je suis pris. (*précipitamment.*) Yes, yes, yes.

ROOVER

Que veut dire cette friponne?.. pertez.... laissez-nous. je dis à vous.

ROUGEOT

Oh! bien volontiers. (*il sort.*)

SCENE XVIII.

Les Précédens, DUMONT.

DUMONT.

Eh bien! où est-il? (*à Roover qui est toujours à genoux et que l'uniforme lui fait prendre pour Ernest.*) Comment! sir Roover toujours avec mistriss... et dans cette attitude?

ROOVER, *se retournant.*

Qu'éppelez-vous mistriss? médème être francèse.... entendez-vou, et moi émoureuse per elle bécoup fort.

DUMONT, *reconnaissant Roover.*

Allons, c'est Ernest... ah! parbleu, mon ami, j'en suis ravi, je vous cherchais... mais que faites-vous là avec mistriss Atkinson?

ROOVER

Médème point mistriss Etkinsone, pas plus que moi Ernest.

DUMONT

Ah! ça, écoutez donc, vous commencez à m'impatienter beaucoup, monsieur Ernest.

ROOVER

C'est vous qui impétientez furieusement... laissez-moi dans le décléretione de mon péssione... s'il plait à vous.

DUMONT, *très-irrité.*

Vous êtes un impertinent, entendez-vous, de choisir ma maison pour une pareille plaisanterie.

ROOVER

Ah! ça, volez-vous pas injurier moi.

DUMONT

S'il faut vous parler franchement, j'étais bien disposé en votre faveur, en pensant à l'espièglerie un peu forte de sir Roover à l'égard de madame; d'ailleurs je viens de recevoir une lettre de votre oncle qui m'engage dans les termes les plus pressans à vous donner Emélie et à venir m'établir avec vous à Londres, où il vous destine une association dans son entreprise; mais puisque vous me poussez à bout, je perds toute bienveillance pour vous, et dès ce soir sir Roover sera mon gendre... justement, je crois l'entendre: mais quel est ce nouveau costume?

SCÈNE XIX.

Les précédens, ERNEST, EMELIE, puis WILLIAMS.

(*Williams entre par le fond. Rougeot qui entre du côté opposé, l'apperçoit et se sauve.*

DUMONT, *à Ernest qui est en costume français.*

Approchez, sir Roover, et venez jouir de votre bonheur; si vous attachez quelque prix à la main de ma fille, ce soir vous serez son époux.

ERNEST

Ah! monsieur, je vois à vos discours que ce n'est point à moi que vous destinez un pareil trésor; puisque, s'il faut vous l'avouer, je ne suis point sir Roover.

DUMONT

Allons, voilà qu'ils ne veulent plus l'être, ni l'un ni l'autre.

ERNEST

Non, monsieur, sir Roover n'est autre (*montrant Roover.*) que monsieur, dont mon amour pour votre charmante fille m'a fait prendre le nom. Je suis tout disposé à le lui rendre de bonne grâce, pourvu qu'il me laisse mon Emélie.

DUMONT

Ah! pour Emélie, il ne vous la cédera pas, car il ne l'aura pas; je ne veux point pour gendre d'un homme qui se permet, dans la maison même de sa prétendue, de faire la cour à une autre femme.

ROOVER

Sans doute... sans doute, et je veux plu être le époux de le Emélie... puisque je aimer médème, et que s'il consenté à faire mone félicité...

FANNY

Oui, sir Roover, un pareil sacrifice mérite une récompense et je consens à vous prendre pour époux.

(*Elle lève son voile.*)

DUMONT

Que vois-je, Fanny!

ROOVER

Que volez-vous dire? le Fenny!

EMELIE

Que mademoiselle est ma femme de chambre.

ROOVER, *quittant brusquement la main de Fanny.*

Son femme de chambre! goddam! goddam! comment, pétite, vou êtes donc destinée à jouer moi continuellement.

FANNY

En ce cas, remerciez donc le ciel de ce que je ne serai pas votre femme.

DUMONT

Sir Roover doit sentir qu'après une telle esclandre, il ne peut plus prétendre d'aucunes façons à être mon gendre, et que je ne puis mieux faire que d'accepter les propositions de l'oncle d'Ernest.

EMELIE

Ah mon père !

ERNEST

Ah monsieur !

DUMONT

Je conçois que sir Roover doit m'en vouloir beaucoup.

ROOVER, *après un moment de silence.*

Eh bien, monsier, vous trompez vous... je ris, je ris... parce que je sais que le France il être connue pour le intrigue d'amour... vous avez toujours le hébitude de vouloir, vous, que le méri plaise à son femme avant le noce. Chez nous, jémais, mais aussi le époux il plaire presque toujours éprès.

FANNY

Ce n'est pas si mal calculé.

ERNEST

Au reste le Capitaine Roover sait qu'en amour comme en guerre...

ROOVER

Yes, le petite supercherie permis, permis... je n'y penser plus. Moi, vif, vif considérablement beaucoup, mais pas capable jamais pour me opposer au bonheur d'une rival.

DUMONT

Eh bien, je n'ai donc pas tant tort d'aimer les Anglais.

ERNEST

Maintenant, nous serons deux.

ROUGEOT

Je ne ferai pas le troisième, je déteste trop ce coquin. (*montrant Williams.*)

WILLIAMS

Que nommé-vous, coquine ?

ROUGEOT

Qu'est-ce qui te dit coquine, je t'appelle coquin, coquin.

ROOVER

Williems, taisez-vous.

WILLIAMS

Eh bien ! le paix... plus de boxement.

ROUGEOT

A la bonne heure.

ROOVER

Allons, mes amis, pertons, pertons ensemble pour le London, je vai établir moi dans le Bond-street, et si vous voulez établir vous près de moi, je tècherai en secondant vo entreprises, de prover à vous que le Anglais n'ètre jamais le vérité ble ennemi de le Francèse.

FIN.

www.ingramcontent.com/pod-product-compliance
Lightning Source LLC
Chambersburg PA
CBHW060602050426
42451CB00011B/2040